Plattkinner

Wiebke Colmorgen   Hardy Kayser

Plattkinner

Neue plattdeutsche Songs für Hamburg und den Norden

mit Bildern von
Tanja Esch

WI SÜND UT HAMBORG

super platt

rrr

Parlez-vous platt?

JUNIUS junior

Wiebke Colmorgen ist auf einem Bauernhof in Schleswig-Holstein mit der plattdeutschen Sprache aufgewachsen. Sie lebt und arbeitet in Hamburg, unter anderem bei den plattdeutschen Nachrichten auf NDR 90,3. Außerdem gibt sie plattdeutsche Lesungen für Kinder.

Hardy Kayser ist auch in Schleswig-Holstein mit Plattdeutsch großgeworden. Seit den 1980er Jahren ist er in Hamburg als freischaffender Gitarrist und Komponist tätig, früher unter anderem für Rocko Schamoni und mit Ernst Kahl, heute vor allem für Ina Müller und Annett Louisan.

Wat vörweg

Genau wie viele Kinder heute bin ich zweisprachig groß geworden: Auf unserem Bauernhof in Schleswig-Holstein war es ganz normal, dass wir neben Hoch- auch Plattdeutsch gesprochen haben. Sonst gab es allerdings kaum Kinder, die noch eine andere Sprache sprechen konnten.

Bei meinen plattdeutschen Lesungen für Hamburger Schulklassen ist das ganz anders: Ich höre Türkisch, Englisch, Französisch, Russisch und vieles mehr. Nur Platt, das höre ich leider kaum noch.

Dabei mögen es Kinder – egal, wo sie herkommen –, denn es klingt lustig! Und weil es einigermaßen eng mit dem Deutschen und dem Englischen verwandt ist, verstehen es viele auch sehr schnell – gerade mehrsprachige Kinder!

Mit den zehn neuen plattdeutschen Songs, die ich zusammen mit dem Musiker und Komponisten Hardy Kayser geschrieben habe, möchten wir Kinder, Eltern und Großeltern auf eine gemeinsame (Wieder)-Entdeckungsreise dieser wunderschönen norddeutschen Sprache schicken.

Dieses Buch mit Musik-CD richtet sich aber nicht nur an Plattsnacker, sondern an ALLE! Egal, ob sie schon lange im Norden leben oder gerade erst hergezogen sind.

Denn Musik eignet sich wunderbar, um Sprache und Kultur zu vermitteln. Die Kinder, die an dem Projekt mitgewirkt haben, konnten die Lieder schnell mitsingen, hatten viel Spaß und haben ganz nebenbei auch ein bisschen Platt gelernt.

Un nu wünsch ik di ok veel Spaaß dorbi!

Wiebke Colmorgen

Inhoolt

Parlez-vous Platt?

Dat gifft so vele Spraken
op de Welt.
Op Engelsch un Franzöösch
hest du wiss al mal tellt.
Doch de Spraak,
de mien Hart snackt,
höör ik veel to wenig,
dorüm segg ik di mal wat:

Platt snacken maakt Spaaß
un is ganz licht.
Veel öven dorför,
dat bruukst du nich.
Eenfach mal los,
geern ok in'n Mix
mit anner Spraken –
dat maakt doch nix.

Parlez-vous Platt?
Do you speak Platt?
Pappelapappelapappelapapp.
Parlez-vous Platt?
Pappelapappelapappelapapp.
Parlez-vous Platt?

Franzöösch, dat is swoor
to verstahn.
Dat warrt di bi Platt
ganz anners gahn.
Vele Wöör,
de kennst du al:
tüdeln, püttschern,
Moin un ok Ball.

Un wenn du in de School
Engelsch lehrst,
pass mal op, dat du di
dor nich verfeerst.
Klock, Water,
Book oder Foot:
Düsse Wöör seht in Engelsch
heel liek ut.

Parlez-vous Platt? ...

Mien Droom – ik heff em noch
nüms vertellt –
is, dat all Kinner op de Welt
ganz luut roopt: Jo!,
wenn ik se mal fragen do:

Parlez-vous Platt? ...

Sprecht ihr Platt?

Es gibt so viele Sprachen
auf der Welt.
Auf Englisch und Französisch
hast du bestimmt schon
mal gezählt.
Doch die Sprache,
die mein Herz spricht,
höre ich viel zu wenig,
darum sage ich dir mal was:

Platt sprechen macht Spaß
und ist ganz leicht.
Viel üben dafür,
das brauchst du nicht.
Einfach mal los,
gerne auch im Mix
mit anderen Sprachen –
das macht doch nichts.

Sprecht ihr Platt?
Sprecht ihr Platt?
Pappelapappelapappelapapp.
Sprecht ihr Platt?
Pappelapappelapappelapapp.
Sprecht ihr Platt?

Französisch, das ist schwer
zu verstehen.
Das wird dir bei Platt
ganz anders gehen.
Viele Worte,
die kennst du schon:
tüdeln, püttschern,
Moin und auch Ball.

Und wenn du in der Schule
Englisch lernst,
pass mal auf, dass du dich
da nicht erschrickst.
Klock, Water,
Book oder Foot
(Uhr, Wasser, Buch oder Fuß):
Diese Worte sehen in Englisch
ganz ähnlich aus.

Sprecht ihr Platt? ...

Mein Traum – ich habe ihn noch
niemandem erzählt –
ist, dass alle Kinder auf der Welt
ganz laut rufen: Ja!,
wenn ich sie mal frage:

Sprecht ihr Platt? ...

Droom

ropen

Sproken
oder
Spraken

Engelsch   **Plattdüütsch**

Franzöösch

Hart ♥

tellen

een twee dree

School

Plattdüütsch

ist eine Sprache, die in Norddeutschland gesprochen wird und die sich sogar von Dorf zu Dorf unterscheiden kann. Eine einheitliche Rechtschreibung für alle Sprachgebiete gibt es nicht. Im Hamburger Platt werden zum Beispiel einige Worte mit o geschrieben, die man in Schleswig-Holstein und Niedersachsen mit a schreibt. Ausgesprochen wird dieser Laut wie eine Mischung aus o und a, aber auch das kann sich von Gebiet zu Gebiet unterscheiden. Damit Plattdeutsch nicht verloren geht, wird es an vielen Schulen in Norddeutschland unterrichtet.

Moin!

kiek
mol oder **mal**
wedder in!

snacken

püttschern
Wöör
Ball **Moin**
tüdeln

Wi sünd ut Hamborg un nich ut Zucker

Mit de Kin-ner geiht dat rut, wenn de Sünn fein schient. Wi sünd so geern bu-ten, wenn de

(bei Wdh. 2. Strophe)

Him-mel grient. Un kaamt de di-cken Wul-ken, gaht wi ok nich rin.___ Blots

üm-mer bin-nen hu-ken, dat kümmt nich in de Tünn. Refrain Wi sünd ut Ham-borg un nich ut

Zu-cker!__ Eerst wenn dat re-gent, denn warrt wi mun-ter.__ Un wenn en grum-melt, denn seggt wi

1. D

2. D (vor C-Teil)

STOPP! Matsch-büx an un hopp, hopp, hopp! (folgt Strophe 3 + 4 + Refrain, dann C-Teil) hopp! En

C-Teil

Ham-bor-ger Jung__ hett lang keen Tü-del-band mehr. He budd-elt le-ver___ mit sien
Ham-bor-ger Deern sühst nich mit 'n Ei-er-korf un Rum. Se sam-melt le-ver Blääd,__ Kas-

1. A

2. A

(folgt Refrain mit 2 Wdh.)

Hänn in de Eer. Un en tan-geln o-der Plummen.

Mit de Kinner geiht dat rut,
wenn de Sünn fein schient.
Wi sünd so geern buten,
wenn de Himmel grient.
Un kaamt de dicken Wulken,
gaht wi ok nich rin.
Blots ümmer binnen huken,
dat kümmt nich in de Tünn.

Na de School nix wi rut,
wenn de Sünn fein schient.
Wi föhrt so geern mit 't Rad,
wenn de Himmel grient.
Un fangt dat an to regen,
föhrt wi nich torüch.
Dat gifft keen leeg Wedder,
blots verkehrtet Tüüch.

Wi sünd ut Hamborg
un nich ut Zucker!
Eerst wenn dat regent,
denn warrt wi munter.
Un wenn en grummelt,
denn seggt wi STOPP!
Matschbüx an
un hopp, hopp, hopp!

In de Ferien gaht wi swimmen,
wenn de Sünn fein schient.
Wi planscht so geern in't Water,
wenn de Himmel grient.
Un kümmt en stieve Bries,
kannst du ok op uns tellen.
Deep Luft halen
un denn rin in de Wellen.

An'n Sünndag föhrt wi rut,
wenn de Sünn fein schient.
Baven op de Fähr,
wenn de Himmel grient.
Un weiht de Wind uns weg,
gaht wi ok nich daal.
Söökt lever en Steed,
wo wi uns fasthoolt.

Wi sünd ut Hamborg
un nich ut Zucker!
Eerst wenn dat opbruust,
denn warrt wi munter.
Un wenn en grummelt,
denn seggt wi STOPP!
Ööljack an
un hopp, hopp, hopp!

En Hamborger Jung
hett lang keen Tüdelband mehr.
He buddelt lever
mit sien Hänn in de Eer.
Un en Hamborger Deern
sühst nich mit 'n Eierkorf un Rum.
Se sammelt lever Blääd,
Kastangeln oder Plummen.

Wi sünd ut Hamborg
un nich ut Zucker!
Eerst wenn dat regent,
denn warrt wi munter.
Un wenn en grummelt,
denn seggt wi STOPP!
Stevel an
un hopp, hopp, hopp!

Wir sind aus Hamburg und nicht aus Zucker

Mit den Kindern geht es raus,
wenn die Sonne schön scheint.
Wir sind so gerne draußen,
wenn der Himmel lacht
(wörtl.: lächelt, grinst).
Und kommen die dicken Wolken,
gehen wir auch nicht rein.
Bloß immer drinnen hocken,
das kommt nicht in die Tüte
(wörtl. Tonne).

Nach der Schule nichts wie raus,
wenn die Sonne schön scheint.
Wir fahren so gerne mit dem Rad,
wenn der Himmel lacht.
Und fängt es an zu regnen,
fahren wir nicht zurück.
Es gibt kein schlechtes Wetter,
nur verkehrte Kleidung.

Wir sind aus Hamburg
und nicht aus Zucker!
Erst wenn es regnet,
dann werden wir munter.
Und wenn einer grummelt,
dann sagen wir STOPP!
Matschhose an
und hopp, hopp, hopp!

In den Ferien gehen wir
schwimmen,
wenn die Sonne schön scheint.
Wir planschen so gerne
im Wasser,
wenn der Himmel lacht.
Und kommt eine steife Brise,
kannst du auch auf uns zählen.
Tief Luft holen
und dann rein in die Wellen.

Am Sonntag fahren wir raus,
wenn die Sonne schön scheint.
Oben auf der Fähre,
wenn der Himmel lacht.
Und weht der Wind uns weg,
gehen wir auch nicht runter.
Suchen lieber eine Stelle,
wo wir uns festhalten.

Wir sind aus Hamburg
und nicht aus Zucker!
Erst wenn Wind aufkommt,
dann werden wir munter.
Und wenn einer grummelt,
dann sagen wir STOPP!
Öljacke an
und hopp, hopp, hopp!

Ein Hamburger Junge
hat lang kein Tüdelband mehr.
Er buddelt lieber
mit seinen Händen in der Erde.
Und ein Hamburger Mädchen
siehst du nicht mit einem
Eierkorb und Rum.
Es sammelt lieber Blätter,
Kastanien oder Pflaumen.

Wir sind aus Hamburg
und nicht aus Zucker!
Erst wenn es regnet,
dann werden wir munter.
Und wenn einer grummelt,
dann sagen wir STOPP!
Stiefel an
und hopp, hopp, hopp!

daal

stieve Bries

Tüüch

Blääd

buten

* baven

Deern

Stevel

Jung

Dat Tüdelband

wird auch „Trudelband" genannt und kommt in dem sehr bekannten Hamburger Lied „An de Eck steiht 'n Jung mit 'n Tüdelband" vor. Damit ist ein Reifen gemeint, den die Jungs früher mit Stockschlägen durch die Straßen getrieben haben, während die „Hamburger Deern" mit „Eierkorf un Rum" unterwegs war. Das Lied ist schon über hundert Jahre alt. Mit Tüdelband, Eierkorb und Rum laufen die Kinder in Hamburg heute bestimmt nicht mehr durch die Stadt. Aber es macht immer noch großen Spaß, das Lied zu singen!

binnen

Hey, Makkaroni

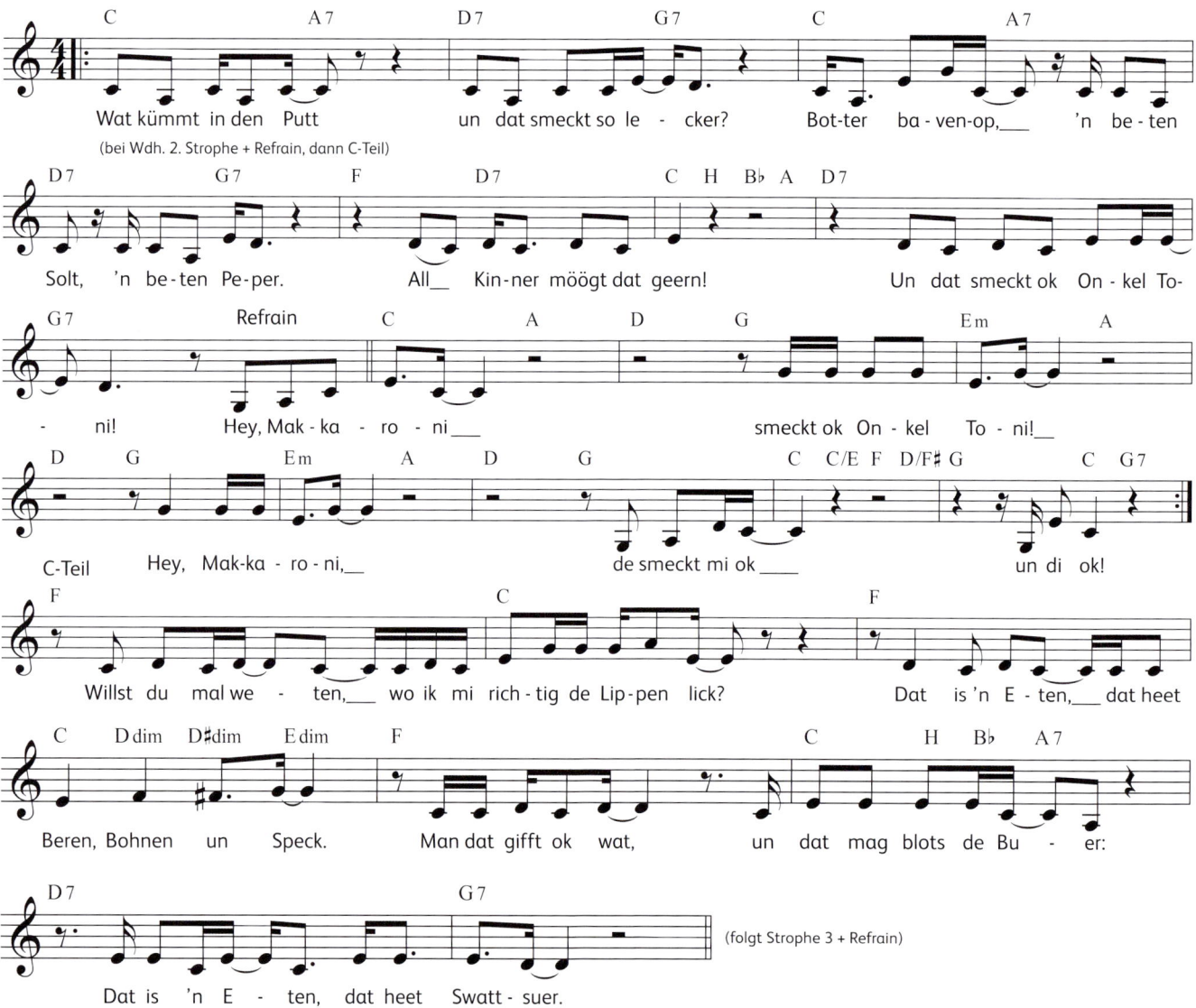

Wat kümmt in den Putt
un dat smeckt so lecker?
Botter bavenop,
'n beten Solt, 'n beten Peper.
All Kinner möögt dat geern!
Un dat smeckt ok Onkel Toni.

Hey, Makkaroni
smeckt ok Onkel Toni!
Hey, Makkaroni,
de smeckt mi ok
un di ok!

Wat kümmt ut 'n Goorn
un is so gesund?
Kaakt, braden oder
as Pommes rin in 'n Mund.
All Kinner möögt dat geern!
Un de Hund will ok mal snüffeln.

Hey, hey, Kortüffeln,
dor will Rex mal snüffeln!
Hey, Kortüffeln,
de smeckt mi ok
un di ok!

Willst du mal weten,
wo ik mi richtig de Lippen lick?
Dat is 'n Eten, dat heet
Beren, Bohnen un Speck.
Man dat gifft ok wat,
un dat mag blots de Buer:
Dat is 'n Eten,
dat heet Swattsuer.

Wat gifft dat achteran
un smeckt suer-seut?
Slagrahm bavenop –
ohhh, dat is en Freud!
All Kinner möögt dat geern!
Un passt op, dat se nix verschütt!

Hey, Rode Grütt,
dor geiht nix verschütt!
Hey, hey, Rode Grütt,
de smeckt mi ok
un di ok!

Hey, Makkaroni

Was kommt in den Topf
und das schmeckt so lecker?
Butter obendrauf,
ein bisschen **Salz**, ein bisschen **Pfeffer**.
Alle Kinder mögen es gern!
Und es schmeckt auch Onkel Toni.

Hey, Makkaroni
schmecken auch Onkel Toni!
Hey, Makkaroni,
die schmecken mir auch
und dir auch!

Was kommt aus dem **Garten**
und ist so gesund?
Gekocht, gebraten oder
als Pommes rein in den Mund.
Alle Kinder mögen es gern!
Und der Hund will auch
mal schnüffeln.

Hey, hey, **Kartoffeln**,
da will Rex mal schnüffeln!
Hey, Kartoffeln,
die schmecken mir auch
und dir auch!

Willst du mal wissen,
wo ich mir richtig die Lippen leck'?
Das ist ein **Essen**, das heißt
Birnen, Bohnen und Speck.
Aber es gibt auch was,
und das mag bloß der **Bauer**:
Das ist ein Essen,
das heißt Schwarzsauer.

Was gibt es zum Nachtisch
(wörtl. hinterher)
und schmeckt sauer-süß?
Sahne obendrauf –
ohhh, das ist eine Freude!
Alle Kinder mögen es gern!
Und passen auf, dass sie nichts
verschütten!

Hey, **Rote Grütze**,
da geht nichts verschütt!
Hey, hey, Rote Grütze,
die schmeckt mir auch
und dir auch!

Slagrahm

Buer

Kortüffeln

Peper

Botter

Solt

Swattsuer

ist ein Gericht, das man früher am Schlachttag gemacht hat, um Blut und Reste zu verwerten. Durch die Zubereitung mit Essig läuft das Blut schwarz an. Das ist vermutlich auch besser so, denn damals waren dort auch Pfoten, Ohren, Schnauzen und Schwänze drin. Dazu gab es immerhin Kartoffeln oder Klöße. Andere typisch norddeutsche Gerichte sind eher was für Kinder: „Beren, Bohnen un Speck", „Groten Hans" und „Rode Grütt" sollte man unbedingt mal probiert haben.

Beren

Goorn

Rode Grütt

Eten

Ohauerha

Enno hett mi mit Sand besmeten.
Clara will vun mi nix mehr weten.
Johnny hett de Schüffel,
de ik geern will.
Minsch Kinner,
nu weest doch blots mal still!

Fiete hett mi op 'n Kopp haut.
Paula hett uns Schokolaad klaut.
Matilda hett dat Peerd,
dat ik geern will.
Minsch Kinner,
nu weest doch blots mal still!

Ohauerhauerha, Ohauerhauerha,
Ohauerhauerha, Ohauerhauer-
hauerhauerha!

Fru Müller hett den ganzen Dag sabbelt.
Mit Thomas heff ik mi bannig kabbelt.
Un de Schulze hett den Job,
den ik geern will.
Minsch Papa,
nu wees doch blots mal still!

Mien Büx is al wedder to drang.
In'n Spegel warr ik vör mi sülven bang.
Wo gifft dat de Figur,
de ik geern will?
Minsch Mama,
nu wees doch blots mal still!

Ohauerhauerha ...

Wi hebbt all uns Leed al dragen.
Dor nützt keen Jammern un keen Klagen.
Ach, klei mi doch an de Fööt!
Wi singt liekers uns Klagen-Leed.

Ohauerhauerha ...

Ohauerha

Enno hat mich mit Sand **beschmissen**.
Clara will von mir nichts mehr wissen.
Johnny hat die **Schaufel**,
die ich gern will.
Mensch Kinder,
nun seid doch bloß mal still!

Fiete hat mir auf den **Kopf** gehauen.
Paula hat uns **Schokolade** geklaut.
Matilda hat das Pferd,
das ich gern will.
Mensch Kinder,
nun seid doch bloß mal still!

Ohauerhauerha, Ohauerhauerha,
Ohauerhauerha, Ohauerhauer-
hauerhauerha!

Frau Müller hat den ganzen **Tag** gesabbelt.
Mit Thomas hab' ich mich ordentlich gekabbelt.
Und die Schulze hat den Job,
den ich gern will.
Mensch Papa,
nun sei doch bloß mal still!

Meine Hose ist schon wieder zu **eng**.
Im **Spiegel** werde ich vor mir selbst bange.
Wo gibt es die Figur,
die ich gern will?
Mensch Mama,
nun sei doch bloß mal still!

Ohauerhauerha …

Wir haben alle unser Leid schon getragen.
Da nützt kein Jammern und kein Klagen.
Ach, **kratz** mich doch an den **Füßen**!
Wir singen trotzdem unser Klagen-Lied.

Ohauerhauerha …

smieten

Dag

JULI
31. Week
30
Maandag

Kopp

drang

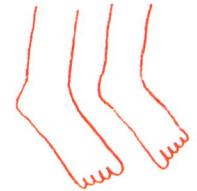

Fööt

Oha

ist ein Ausruf, der in ganz verschiedenen Situationen benutzt wird: wenn man überrascht oder erstaunt ist, sich erschreckt oder wehgetan hat, wenn man sich über etwas freut, ärgert oder an etwas zweifelt. Häufig ist „Oha" auch als Seufzer nach getaner Arbeit zu hören oder wenn Schwierigkeiten auftauchen. Gerne wird es ausgedehnt zu einem „Ohauerhauerha". Damit kann man betonen, wie schlimm zum Beispiel eine Sache ist, über die man sich beklagt.

Schokolaad

Spegel

kleien

Schüffel

Hein Daddel

Wenn he kümmt, mööt all___ Kin-ner la-chen. Sien Büx driggt he ver-kehrt - rüm, meist
(bei Wdh. 2. Strophe + Refrain, dann C-Teil)

ok de an - ner Sa - ken. Wenn he löppt, fallt he daal, denn he stol - pert ö - ver sien Schal. Se

seggt to em: Hein Dad-del, uns Döös - bad - del. Hein

Dad-del, Dad-del, Dad-del, uns Döös - bad-del, - bad-del. Hein Dad-del, Dad-del, Dad-del, uns

Döös - bad-del, Hein Dad-del, Dad-del, Dad-del, uns Döös - bad-del, - bad-del. De

mit de Fie - gen-fööt — ach, wat is he sööt! De Lüüd, de seggt: Hein

Dad-del is en be-ten licht to. A-ver ik, ik seh dat nich so.___ För em gifft dat wat

an-ners op de Welt. Dat is doch nich blots___ de Kopp, de tellt.

(folgt Strophe 3 + Refrain)

Wenn he kümmt,
mööt all Kinner lachen.
Sien Büx driggt he verkehrtrüm,
meist ok de anner Saken.
Wenn he löppt,
fallt he daal,
denn he stolpert
över sien Schal.
Se seggt to em: Hein Daddel,
uns Döösbaddel.

Hein Daddel, Daddel, Daddel,
uns Döösbaddel, -baddel.
Hein Daddel, Daddel, Daddel,
uns Döösbaddel.
Hein Daddel, Daddel, Daddel,
uns Döösbaddel, -baddel.
De mit de Fiegenfööt –
ach, wat is he sööt!

Letzt, dor is
Hein Daddel na'n Dokter gahn.
In Mathe, sä de Lehrer,
harr he nix verstahn.
Hein dach,
dat he nich goot hören kunn.
De Dokter meen:
Dat hett en anner Grund.
He sä to em: Hein Daddel,
du büst en Döösbaddel.

Hein Daddel, Daddel, Daddel …

De Lüüd, de seggt:
Hein Daddel is en beten licht to.
Aver ik, ik seh dat nich so.
För em gifft dat wat anners op de Welt.
Dat is doch nich blots de Kopp, de tellt.

Hein Daddel
möögt all Kinner lieden,
denn he is to tüffelig,
to tüffelig to'n Strieden.
Hein grient
de ganze Tiet
un kiekt to,
wenn de annern sik striedt.
He seggt: Ik bün Hein Daddel,
de Döösbaddel.

Hein Daddel, Daddel, Daddel …

Hein Daddel

Wenn er kommt,
müssen alle Kinder lachen.
Seine Hose trägt er verkehrtrum,
meistens auch die anderen Sachen.
Wenn er läuft,
fällt er hin (wörtl. runter),
denn er stolpert
über seinen Schal.
Sie sagen zu ihm: Hein Daddel,
unser Döösbaddel (wörtl. Dummkopf).

Hein Daddel, Daddel, Daddel,
unser Döösbaddel, -baddel.
Hein Daddel, Daddel, Daddel,
unser Döösbaddel.
Hein Daddel, Daddel, Daddel,
unser Döösbaddel, -baddel.
Der mit den Feigenfüßen –
ach, was ist er süß!

Letztens, da ist
Hein Daddel zum Doktor gegangen.
In Mathe, sagte der Lehrer,
hätte er nichts verstanden.
Hein dachte,
dass er nicht gut hören könne.
Der Doktor meinte:
Das hat einen anderen Grund.
Er sagte zu ihm: Hein Daddel,
du bist ein Döösbaddel.

Hein Daddel, Daddel, Daddel ...

Die Leute, die sagen:
Hein Daddel ist ein bisschen einfach gestrickt.
Aber ich, ich sehe das nicht so.
Für ihn gibt es etwas anderes auf der Welt.
Es ist doch nicht nur der Kopf, der zählt.

Hein Daddel
mögen alle Kinder leiden,
denn er ist zu tüffelig (wörtl. dumm),
zu tüffelig zum Streiten.
Er lächelt
die ganze Zeit
und schaut zu,
wenn die anderen sich streiten.
Er sagt: Ich bin Hein Daddel,
der Döösbaddel.

Hein Daddel, Daddel, Daddel ...

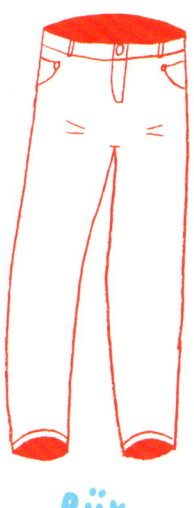

Büx

verstahn

Lüüd

Hein

ist die Abkürzung des Vornamens Heinrich. Er wurde früher oft in Spottnamen verwendet, wie zum Beispiel „Hein Doof" für Dummkopf, „Hein Grootmuul" für Großmaul oder „Hein Daddel" für Seeleute. Unser „Hein Daddel" in dem Lied ist ein sogenannter „Grien in de Grütt", also einer, der ständig vor sich hin lächelt.

grienen

lopen

sööt

gahn

strieden

Kiek mal

Free-hän-nig Fohrrad föhren, ban - nig swo-re Em-mers böhren. Un vun'n Dree'-er spring ik ei-ster

vun ganz ba-ven kopp-heis-ter. Mit dat Skate-board neih ik ün-ner de Brüch weg, de Trep-pen rün-ner.

Refrain Un fall ik hen, denn stah ik op, dreih__ mi üm, gah wed-der rop.

Kiek mal, kiek mal, kiek mal wat ik kann! Kiek mal, kiek mal, kiek mal an!__ Kiek mal, kiek mal,

kiek mal, wat ik kann! Kiek mal! Man-no, man-no, mann! Man - no, man - no, mann!

(1. Wdh. Strophe 3 + 4 + Refrain,
2. Wdh. Strophe 5 + Refrain)

Freehännig Fohrrad föhren,
bannig swore Emmers böhren.
Un vun'n Dree'er spring ik eister
vun ganz baven koppheister.

Mit dat Skateboard neih ik ünner
de Brüch weg, de Treppen rünner.
Un fall ik hen, denn stah ik op,
dreih mi üm, gah wedder rop.

Kiek mal, kiek mal, kiek mal, wat ik kann!
Kiek mal, kiek mal, kiek mal an!
Kiek mal, kiek mal, kiek mal, wat ik kann!
Kiek mal!
Manno, manno, mann!
Manno, manno, mann!

Ik kann op mien Hänn stahn,
trüchwarts över 'n Schoolhoff gahn,
op 'n Peerd in'n Galopp rieden
un mi mit mien Broder strieden.

Hula-Hoop mit dörteihn Riepen,
Mathe kann ik gau begriepen.
Un bi Jungs, dor heff ik Slag,
wiel ik AC/DC mag.

Kiek mal, ... wat ik kann!
Kiek mal, ... an!
Kiek mal, ... wat ik kann!
Kiek mal!
Manno, manno, mann!

Ik bün de King op jede Party,
denn Gitarr speel ik so as Hardy.
Pö, du denkst wull, dat is 'n Brüller,
man ik kann singen as Ina Müller!

Kiek mal, ... wat ik kann!
Kiek mal, ... an!
Kiek mal, ... wat ik kann!
Kiek mal!
Kiek mal, ... wat ik kann!
Kiek mal, ... an!
Kiek mal, ... wat ik kann!
Kiek mal!
Manno, manno, mann!

Guck mal

Freihändig Fahrrad fahren,
sehr **schwere** Eimer **tragen**.
Und vom Dreier spring' ich mal eben
von ganz oben **kopfüber**.

Mit dem Skateboard ras' ich unter
der **Brücke** weg die Treppen runter.
Und fall' ich hin, dann steh' ich auf,
dreh' mich um, geh' wieder rauf.

Guck mal, guck mal, guck mal,
was ich kann!
Guck mal, guck mal, guck mal an!
Guck mal, guck mal, guck mal,
was ich kann!
Guck mal!
Manno, manno, mann!
Manno, manno, mann!

Ich kann auf meinen **Händen** stehen,
rückwärts über den Schulhof gehen,
auf einem **Pferd** im Galopp reiten
und mich mit meinem Bruder streiten.

Hula-Hoop mit dreizehn **Reifen**,
Mathe kann ich schnell **begreifen**.
Und bei Jungs, da hab' ich Schlag,
weil ich AC/DC mag.

Guck mal ...

Ich bin der King auf jeder Party,
denn Gitarre spiel' ich so wie Hardy.
Pö, du denkst wohl, das ist ein Brüller,
aber ich kann singen wie Ina Müller!

Guck mal ...

koppheister

böhren

Brüch

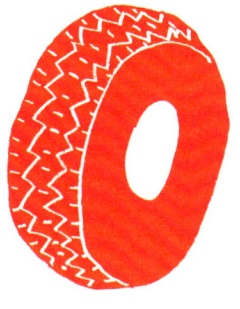

Riepen

$$x^2 + px + q = 0$$

begriepen

Hänn

Ina Müller

ist eine bekannte norddeutsche Moderatorin und Sängerin. Zu ihrer Sendung „Inas Nacht" lädt sie prominente Menschen in eine Hamburger Kneipe ein. Als Sängerin geht sie im ganzen Land auf Tournee, und es kommen so viele Leute, dass die Konzerte oft in großen Hallen stattfinden. Ina Müller hat auch schon viele Bücher und Lieder op Platt geschrieben.

trüchwarts

swoor

Peerd

Klaus Kleckerklümp

(bei Wdh. 2. Strophe + Refrain, dann C-Teil)

Bi uns op 'n Speel-platz is nich veel los.___ De Kin-ner _____ speelt oor-dig o-der sitt op 'n Schoot. Doch dat gifft en Jung,__ de sorgt üm-mer för Kra - wall,___ un de is nar - gens un ö - ver-all. _____ Dat is Klaus Kle-cker - klümp! Pass blots op, wenn he kümmt! He hett ro-det Hoor, wo he is,__ dor luert Ge - fohr. He is en ei-schen Jung mit so en fre-che Tung. Dat is Klaus, Klaus Kle-cker - klümp! Pass blots op,___ wenn he kümmt! De Öl - lern seggt: Klaus is en ganz schönen Sleef. __ Man de Kin-ner hebbt em lie-kers leev,___ denn Klaus, de hett üm - mer en in'n Sinn. Wenn he röppt, loopt se all na em hen.___

Refrain

C-Teil

(folgt Refrain in D-Dur!)

Bi uns op 'n Speelplatz
is nich veel los.
De Kinner speelt oordig
oder sitt op 'n Schoot.
Doch dat gifft en Jung,
de sorgt ümmer för Krawall,
un de is nargens un överall.

Dat is Klaus Kleckerklümp!
Pass blots op, wenn he kümmt!
He hett rodet Hoor,
wo he is, dor luert Gefohr.
He is en eischen Jung
mit so en freche Tung.
Dat is Klaus, Klaus Kleckerklümp!
Pass blots op, wenn he kümmt!

Bi uns in de Straat
passeert nich veel.
De Kinner speelt Ticker
un eet Ies an'n Steel.
Doch op eenmal,
dor warrt dat bannig luut,
un all Navers kiekt grantig rut.

Denn dat is Klaus Kleckerklümp!
Pass blots op, wenn he kümmt!
He maakt lütt Kinner bang,
un keeneen kann em fangen.
He is en fixen Dutt
un maakt geern wat kaputt.
Dat is Klaus, Klaus Kleckerklümp!
Pass blots op, wenn he kümmt!

De Öllern seggt:
Klaus is en ganz schönen Sleef.
Man de Kinner hebbt em liekers leev,
denn Klaus, de hett ümmer en in'n Sinn.
Wenn he röppt, loopt se all na em hen.

Dat is Klaus Kleckerklümp!
Pass blots op, wenn he kümmt!
In'n Kopp hett he blots Mist,
maakt geern, wat verbaden is.
He mag uns geern verferen,
liekers möögt wi em geern.
Dat is Klaus, Klaus Kleckerklümp!
Pass blots op, wenn he kümmt!

Klaus Kleckerklümp
(Kleckerkloß)

Bei uns auf dem Spielplatz
ist nicht viel los.
Die Kinder spielen artig
oder sitzen auf dem Schoß.
Doch es gibt einen Jungen,
der sorgt immer für Krawall,
und der ist nirgends und überall.

Das ist Klaus Kleckerklümp!
Pass bloß auf, wenn er kommt!
Er hat rotes Haar,
wo er ist, da lauert Gefahr.
Er ist ein unartiger Junge
mit so einer frechen Zunge.
Das ist Klaus, Klaus Kleckerklümp!
Pass bloß auf, wenn er kommt!

Bei uns in der Straße
passiert nicht viel.
Die Kinder spielen Ticker
und essen Eis am Stiel.
Doch auf einmal,
da wird es sehr laut,
und alle Nachbarn gucken
böse raus.

Denn das ist Klaus Kleckerklümp!
Pass bloß auf, wenn er kommt!
Er macht kleine Kinder bange,
und keiner kann ihn fangen.
Er ist ein fixer Dutt
und macht gern was kaputt.
Das ist Klaus, Klaus Kleckerklümp!
Pass bloß auf, wenn er kommt!

Die Eltern sagen:
Klaus ist ein ganz schöner Schlingel.
Aber die Kinder haben ihn trotzdem lieb,
denn Klaus, der hat immer einen im Sinn.
Wenn er ruft, laufen sie alle zu ihm hin.

Das ist Klaus Kleckerklümp!
Pass bloß auf, wenn er kommt!
Im Kopf hat er bloß Mist,
macht gern, was verboten ist.
Er mag uns gern erschrecken,
trotzdem mögen wir ihn gern.
Das ist Klaus, Klaus Kleckerklümp!
Pass bloß auf, wenn er kommt!

Speelplatz

lütt kinner

Sleef

Tung

grantig kieken

Fixer Dutt

heißt wörtlich übersetzt „schneller Haufen", was natürlich Quatsch ist. Die beiden Worte haben zusammen eine ganz andere Bedeutung. Wenn man jemanden als „fixen Dutt" bezeichnet, meint man damit so viel wie „Du bist ein schlaues Kerlchen!", „Du bist tüchtig!" oder „Du hast was auf dem Kasten!".

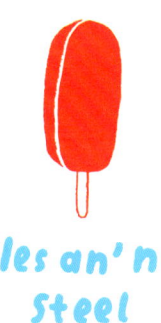

les an'n steel

verbaden

Straat

oordig   **eisch**

BUH!
AAAHH!!!

verferen

So 'n Schiet

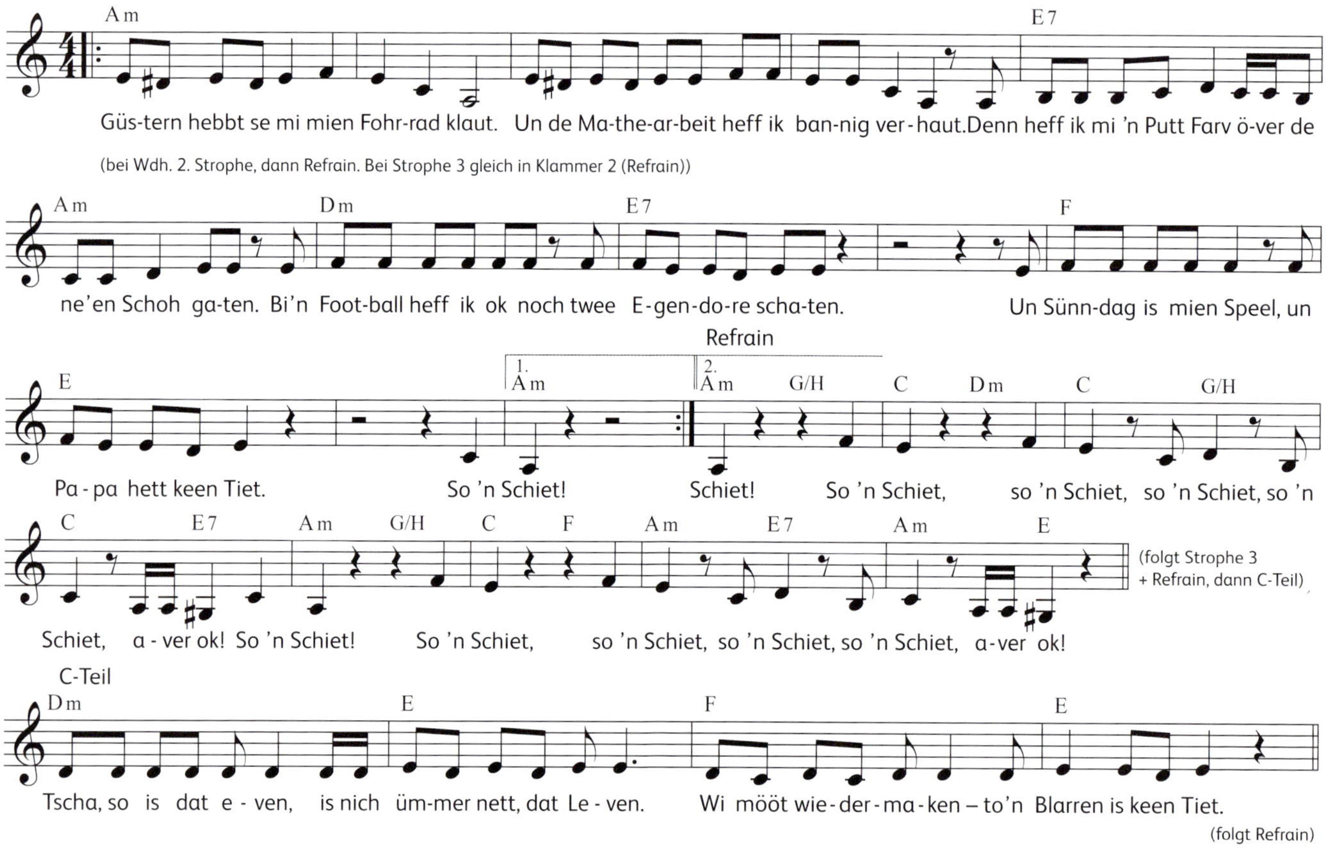

Am ... E7

Güs-tern hebbt se mi mien Fohr-rad klaut. Un de Ma-the-ar-beit heff ik ban-nig ver-haut. Denn heff ik mi 'n Putt Farv ö-ver de

(bei Wdh. 2. Strophe, dann Refrain. Bei Strophe 3 gleich in Klammer 2 (Refrain))

Am ... Dm ... E7 ... F

ne'en Schoh ga-ten. Bi'n Foot-ball heff ik ok noch twee E-gen-do-re scha-ten. Un Sünn-dag is mien Speel, un

Refrain

E ... 1. Am ... 2. Am ... G/H ... C ... Dm ... C ... G/H

Pa-pa hett keen Tiet. So 'n Schiet! Schiet! So 'n Schiet, so 'n Schiet, so 'n Schiet, so 'n

C ... E7 ... Am ... G/H ... C ... F ... Am ... E7 ... Am ... E

(folgt Strophe 3 + Refrain, dann C-Teil)

Schiet, a-ver ok! So 'n Schiet! So 'n Schiet, so 'n Schiet, so 'n Schiet, so 'n Schiet, a-ver ok!

C-Teil

Dm ... E ... F ... E

Tscha, so is dat e-ven, is nich üm-mer nett, dat Le-ven. Wi mööt wie-der-ma-ken – to'n Blarren is keen Tiet.

(folgt Refrain)

Güstern hebbt se mi
mien Fohrrad klaut.
Un de Mathearbeit
heff ik bannig verhaut.
Denn heff ik mi 'n Putt Farv
över de ne'en Schoh gaten.
Bi'n Football heff ik ok noch
twee Egendore schaten.
Un Sünndag is mien Speel,
un Papa hett keen Tiet.
So 'n Schiet!

De ganze letzte Week
weer ik krank un slapp.
Un denn harr ik ok noch
de Motten in'n Schapp.
De hebbt mi mien leevsten
Pulli anfreten.
Denn geev dat bi uns ok noch
Arfensupp to eten.
Un ik wöör so geern shoppen,
aver Mama hett keen Tiet.

So 'n Schiet, so 'n Schiet, so 'n Schiet,
so 'n Schiet, so 'n Schiet aver ok!
So 'n Schiet, so 'n Schiet, so 'n Schiet,
so 'n Schiet, so 'n Schiet aver ok!

Mien groten Backentähn,
de deit so weh.
Ik fang an to bibbern,
wenn ik 'n Dokter seh.
De Week hett jüst anfungen
un dat Taschengeld is weg.
Bi't Kortenspelen mit Oma,
dor heff ik ümmer Pech.
Un mit Hanna harr ik güstern
so en dullen Striet.

So 'n Schiet ...

Tscha, so is dat even,
is nich ümmer nett, dat Leven.
Wi mööt wiedermaken –
to'n Blarren is keen Tiet.

So 'n Schiet ...

So 'n Schiet

Gestern haben sie mir
mein Fahrrad geklaut.
Und die Mathearbeit
hab' ich total verhauen.
Dann hab' ich mir einen Topf Farbe
über die neuen Schuhe gegossen.
Beim Fußball hab' ich auch noch
zwei Eigentore geschossen.
Und Sonntag ist mein Spiel,
und Papa hat keine Zeit.
So 'n Schiet!

Die ganze letzte Woche
war ich krank und schlapp.
Und dann hatte ich auch noch
die Motten im Schrank.
Die haben mir meinen liebsten
Pulli angefressen.
Dann gab es bei uns auch noch
Erbsensuppe zu essen.
Und ich würde so gern shoppen,
aber Mama hat keine Zeit.

So 'n Schiet, so 'n Schiet, so 'n Schiet,
so 'n Schiet, so 'n Schiet aber auch!
So 'n Schiet, so 'n Schiet, so 'n Schiet,
so 'n Schiet, so 'n Schiet aber auch!

Mein großer Backenzahn,
der tut so weh.
Ich fang' an zu zittern,
wenn ich einen Doktor seh'.
Die Woche hat grad angefangen,
und das Taschengeld ist weg.
Beim Kartenspielen mit Oma,
da hab' ich immer Pech.
Und mit Hanna hatte ich gestern
so einen dollen Streit.

So 'n Schiet ...

Tja, so ist das eben,
ist nicht immer nett, das Leben.
Wir müssen weitermachen –
zum Plärren ist keine Zeit.

So 'n Schiet ...

Schapp

Week

Juli

Maandag 2

Dingsdag 3

Middeweek 4

Dunnersdag 5

Friedag 6

Sünnavend 7

Sünndag 8

Korten

Putt

bibbern

Schoh

So 'n Schiet

darf man auf Hochdeutsch nicht sagen. Op Platt geht das aber, weil es netter klingt. Man kennt das Wort „Schiet" auch von Ausdrücken wie „Schietwedder" oder „Schietbüdel", der sogar als nettes Kosewort gebraucht wird. Auch „Döösbaddel" oder „tüffelig" klingen nicht so schlimm wie die hochdeutschen Übersetzungen „Dummkopf" oder „dumm".

geten

Tiet

blarren

Fohrrad

Mann in de Tünn

Dat gifft en Mann, de wahnt in de Tünn. He is ganz oolt, un he is bang för de Sünn.

(bei Wdh. 2. Strophe + Refrain, dann C-Teil)

Blots wenn dat re-gent, kümmt he mal rut, mit sien Wu-schel-Hoor un sien Grum-mel-Snuut. Un all Kin-ner roopt em

Refrain

to: Mann in de Tünn, Mann in de Tünn, kumm gau rut, dor is keen Sünn!

Mann in de Tünn, Mann in de Tünn, kumm mal rut mit dien Grum - mel - Snuut!

C-Teil

An en Dag, do weer dat so wiet: Ik leeg in de Sünn un harr en Barg Tiet. Un BUMS, dor seeg ik

em ach-ter en Boom. Ik heff nich sla-pen, dat weer keen Droom. Un ik rööp ach-ter em ran:

(folgt Refrain)

Dat gifft en Mann,
de wahnt in de Tünn.
He is ganz oolt
un he is bang för de Sünn.
Blots wenn dat regent,
kümmt he mal rut,
mit sien Wuschel-Hoor
un sien Grummel-Snuut.

Un all Kinner roopt em to:
Mann in de Tünn, Mann in de Tünn,
kumm gau rut, dor is keen Sünn!
Mann in de Tünn, Mann in de Tünn,
kumm mal rut
mit dien Grummel-Snuut!

Hest em mal sehn,
den Mann in de Tünn?
He is ganz gries
un bleek ahn de Sünn.
Wenn du Glück hest,
denn kümmt he mal rut
un gifft di ut sien Tasch
en Bontscher ut.

Un all Kinner roopt em to:
Mann in de Tünn, Mann in de Tünn,
kumm gau rut, dor is keen Sünn!
Mann in de Tünn, Mann in de Tünn,
kumm mal rut
un giff en Bontscher ut!

An en Dag, do weer dat so wiet:
Ik leeg in de Sünn
un harr en Barg Tiet.
Un BUMS, dor seeg ik em
achter en Boom.
Ik heff nich slapen,
dat weer keen Droom.

Un ik rööp achter em ran:
Mann in de Tünn, Mann in de Tünn,
ik heff di sehn in de Sünn!
Mann in de Tünn, Mann in de Tünn,
kumm wedder rut
mit dien Grummel-Snuut!

Mann in der Tonne

Es gibt einen Mann,
der wohnt in der Tonne.
Er ist ganz alt
und er hat Angst vor der Sonne.
Bloß wenn es regnet,
kommt er mal raus,
mit seinem Wuschel-Haar
und seinem Grummel-Gesicht
(wörtl. Schnauze).

Und alle Kinder rufen ihm zu:
Mann in der Tonne, Mann in der Tonne,
komm schnell raus, da ist keine Sonne!
Mann in der Tonne, Mann in der Tonne,
komm mal raus
mit deinem Grummel-Gesicht!

Hast du ihn mal gesehen,
den Mann in der Tonne?
Er ist ganz grau
und blass ohne die Sonne.
Wenn du Glück hast,
dann kommt er mal raus
und gibt dir aus seiner Tasche
einen Bonbon aus.

Und alle Kinder rufen ihm zu:
Mann in der Tonne, Mann in der Tonne,
komm schnell raus, da ist keine Sonne!
Mann in der Tonne, Mann in der Tonne,
komm mal raus
und gib einen Bonbon aus!

An einem Tag, da war es so weit:
Ich lag in der Sonne
und hatte einen Berg Zeit.
Und BUMS, da sah ich ihn
hinter einem Baum.
Ich hab' nicht geschlafen,
das war kein Traum.

Und ich rief hinter ihm her:
Mann in der Tonne, Mann in der Tonne,
ich hab dich gesehen in der Sonne!
Mann in der Tonne, Mann in der Tonne,
komm wieder raus
mit deinem Grummel-Gesicht!

Boom

rut

Sünn

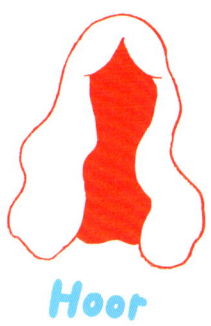

Hoor

slapen

Mann in de Tünn

ist ein plattdeutscher Ausruf, den man benutzt, wenn man über etwas erstaunt oder verärgert ist. Es heißt, damit sei ursprünglich der Pastor gemeint gewesen, der von einer tonnenähnlichen Kanzel aus sprach und dessen Predigt man erstaunlich fand. Mit der „Tünn" könnte aber auch die „Bottermelkstünn" – also die Tonne für Buttermilch – gemeint sein, die früher sehr verbreitet war. Ein Mann, der plötzlich aus so einer Tonne hervorkam, könnte für Schrecken gesorgt haben. Zu diesem „Mann in de Tünn" gehört die „Fru in de Bottermelk". Vielleicht haben sich die Leute auch über dieses ungewöhnliche Paar gewundert.

oolt

Barg

Bontscher

dat regent

Silke Snappsnuut

In'n Win-ter hebbt all Kin-ner Snup-pen. Dor nützt allens nix, ok keen Höh-ner-sup-pen.

(bei Wdh. 2. Strophe + Refrain, dann C-Teil)

Man in'n Som-mer is de Nääs wed-der free. Blots een Deern, de is üm-mer noch dor-bi.

Refrain

Bi Sil-ke Snapp-snuut kümmt üm-mer Snod-der rut. Dat geiht dat gan-ze Johr. De Snup-pen, de is üm-mer dor.

Jo, jo, jo, jo, jo. Bi Sil - ke Snapp-snuut kümmt üm-mer Snod-der rut.

C-Teil

En Dag harr Sil - ke de Nääs sün-ner-lich vull. Dor haal se deep Luft un pruust ganz dull. Dat

weer so luut, dat sik dat gan-ze Dörp ver-feer. Man in de Nääs, dor weer nu keen Drüp-pen mehr.

(folgt Refrain in A-Moll)

In'n Winter hebbt all
Kinner Snuppen.
Dor nützt allens nix,
ok keen Höhnersuppen.
Man in'n Sommer is
de Nääs wedder free.
Blots een Deern,
de is ümmer noch dorbi.

Bi Silke Snappsnuut
kümmt ümmer Snodder rut.
Dat geiht dat ganze Johr.
De Snuppen, de is ümmer dor.
Jo, jo, jo, jo, jo.
Bi Silke Snappsnuut
kümmt ümmer Snodder rut.

Mal güng Silke
na'n Dokter hen.
Se hett dacht,
he müss doch wat finnen.
Doch de Dokter,
de kunn nich veel seggen.
Un Silke müss wieder
de Nääs hoochtrecken.

Bi Silke Snappsnuut
kümmt ümmer Snodder rut.
Se kann dor gor nix för.
De Nääs, de hett jo keen Döör.
Ne, ne, ne, ne, ne.
Bi Silke Snappsnuut
kümmt ümmer Snodder rut.

En Dag harr Silke de Nääs
sünnerlich vull.
Dor haal se deep Luft un
pruust ganz dull.
Dat weer so luut,
dat sik dat ganze Dörp verfeer.
Man in de Nääs,
dor weer nu keen Drüppen mehr.

Bi Silke Snappsnuut,
dor kümmt nu nix mehr rut.
In de Nääs is nix mehr binnen.
Silke bruuk sik nich mehr schinnen.
Juchei, ei, ei, ei, ei.
Bi Silke Snappsnuut,
dor kümmt nu nix mehr rut.

Silke Snappsnuut
(Rotznase)

Im Winter haben alle
Kinder Schnupfen.
Da nützt alles nichts,
auch keine Hühnersuppen.
Aber im Sommer ist
die Nase wieder frei.
Nur ein Mädchen,
das ist immer noch dabei.

Bei Silke Snappsnuut
kommt immer Schnodder raus.
Das geht das ganze Jahr.
Der Schnupfen, der ist immer da.
Ja, ja, ja, ja, ja.
Bei Silke Snappsnuut
kommt immer Schnodder raus.

Mal ging Silke
zum Doktor hin.
Sie hat gedacht,
er müsse doch was finden.
Doch der Doktor,
der konnte nicht viel sagen.
Und Silke musste weiter
die Nase hochziehen.

Bei Silke Snappsnuut
kommt immer Schnodder raus.
Sie kann da gar nichts für.
Die Nase, die hat ja keine Tür.
Nein, nein, nein, nein, nein.
Bei Silke Snappsnuut
kommt immer Schnodder raus.

Einen Tag hatte Silke die Nase
besonders voll.
Da holte sie tief Luft und
nieste ganz doll.
Das war so laut,
dass sich das ganze Dorf erschreckte.
Aber in der Nase,
da war nun kein Tropfen mehr.

Bei Silke Snappsnuut,
da kommt nun nichts mehr raus.
In der Nase ist nichts mehr drinnen.
Silke braucht sich nicht mehr schinden.
Juchei, ei, ei, ei, ei.
Bei Silke Snappsnuut,
da kommt nun nichts mehr raus.

 pruusten

 Döör

 Nääs

Drüppen

luut

Höhnersupp

gilt als sehr wirksames Heilmittel gegen Erkältungen. Wer die nicht so gerne mag, kann es auch mal mit der typisch norddeutschen „Flederbeersupp" probieren. Der Saft der Fliederbeeren wird mit Äpfeln und Grießklößen zu einer Suppe gekocht. Sie soll genau wie die „Höhnersupp" gesund sein und schmeckt vielen Kindern sehr gut.

hoochtrecken

 Snuppen

 Höhner

 schinnen

Impressum

Junius Verlag GmbH
Stresemannstraße 375
22761 Hamburg
www.junius-verlag.de

© 2018 by Junius Verlag GmbH

Komposition und Text aller Lieder:
Musik: Hardy Kayser
Originaltext: Wiebke Colmorgen
© 2018 Copyright Peermusic (Germany) GmbH
Mit freundlicher Genehmigung von Peermusic (Germany) GmbH, Hamburg

Musikaufnahme: Instrumentiert und produziert von Hardy Kayser.
Aufgenommen, gemischt und gemastert von Hardy Kayser und
Geoff Peacey im Peermusic-Studio Hamburg.
Gesang : Wiebke Colmorgen bei allen Liedern außer
Mann in de Tünn, Kiek mal und So 'n Schiet; Hardy Kayser bei Ohauerha
Kinder: Clara Kayser, Matilda Meuser und Anton Zurhold bei Ohauerha,
Kiek mal, So 'n Schiet sowie bei allen Chören, Clara Kayser außerdem bei
Mann in de Tünn und Anton Zurhold bei Wi sünd ut Hamborg un nich ut Zucker
Ⓟ 2018 Copyright Peer Southern Productions GmbH,
Hardy Kayser & Wiebke Colmorgen

Übersetzungen und Glossar-Texte: Wiebke Colmorgen
© 2018 Copyright Wiebke Colmorgen

Illustrationen: Tanja Esch
© 2018 Copyright Tanja Esch

Notensatz: René Mense

Printed in Germany
ISBN 978-3-96060-501-0
Die Deutsche Nationalbibliothek verzeichnet diese Publikation in der
Deutschen Nationalbibliografie; detaillierte bibliografische Daten sind im
Internet über http://dnb.dnb.de abrufbar.